Lori Rentzel
Gefühlsmäßige Abhängigkeit

D1728844

Lori Rentzel

Gefühlsmäßige Abhängigkeit

Eine Bedrohung für wahre Freundschaften

Brunnen-Verlag · Basel und Gießen
in Zusammenarbeit mit
Arbeitskreis «Der Neue Weg», Luzern

ABCteam-Bücher erscheinen in folgenden Verlagen:
Aussaat Verlag Neukirchen-Vluyn
R. Brockhaus Verlag Wuppertal
Brunnen-Verlag Basel und Gießen
Christliches Verlagshaus Stuttgart
(und Evangelischer Missionsverlag)
Oncken Verlag Wuppertal und Kassel

Titel der amerikanischen Originalausgabe:
"Emotional Dependency", erschienen 1990 bei
Inter-Varsity Press, Illinois, U.S.A.

Inter-Varsity Press, U.S.A., ist die Verlagsabteilung der
Inter-Varsity Christian Fellowship.
Diese ist Mitglied der International Fellowship of
Evangelical Students (IFES), der Internationalen
Studentenmission.
Auskunft über die Studentenmission in Deutschland
(SMD) und die IFES erhalten Sie über die Zentralstelle
der Studentenmission in Deutschland (SMD),
Universitätsstraße 30, Postfach 554,
D-35037 Marburg/Lahn.

Übersetzung: Arbeitskreis «Der Neue Weg»

Umschlag: Kirchhofer Editorials, Basel
Umschlagfotos: Ki-Archiv
Druck: Ebner Ulm
Printed in Germany

ISBN 3-7655-3499-4

Inhalt

Gefühlsmäßige Abhängigkeit

Eine Bedrohung für wahre Freundschaften

Intro

David und Ken lernten sich im Sommerlager kennen, in welchem sie beide Leiter von je einer Gruppe von Viertkläßlern waren. Schon am ersten Tag fiel David auf, mit welcher Leichtigkeit Ken seine Gruppe leitete. «Kaum verwunderlich», dachte David, «der Junge ist sportlich, sieht gut aus und ist offensichtlich eine Führernatur.» So überraschte es David wirklich, als Ken ihn einlud, mit ihm am Nachmittag Basketball zu spielen. Im Anschluß daran erfrischten sie sich bei einem Glas Cola und tauschten dabei ihre Erfahrungen aus, die sie mit den Viertkläßlern machten. Davids guter Humor versetzte Ken in schallendes Lachen. Am Wochenende war es offensichtlich, daß David und Ken beste Freunde geworden waren.

David hatte auch schon Freundschaften erlebt – mit Burschen wie er selber, introvertierten Leseratten –, aber noch nie mit jemandem wie Ken. Allein die Tatsache, daß er Kens Freund war, zog die Aufmerksamkeit der hübschen jungen Lagerleiterinnen auf ihn und ließ ihm die Bewunderung der Viertkläßler zukommen. Am meisten genoß er es jedoch, einfach mit Ken zusammenzusein, auch wenn ihn zeitweise die Intensität seiner Gefühle beunruhigte. Als Ken eines Tages wegen einer Familienangelegenheit fortmußte, fiel es David schwer, sich auf seine Aufgaben im Lager zu konzentrieren. In jener Nacht konnte er nicht einschlafen, bis er Kens Wagen auf dem Kiesweg, der zum Lager führte, knirschen hörte.

Ken und David führten eines Abends zwei der Leiterinnen aus. Doch David war nervös und zerstreut und konnte die ganze Zeit nur an eines denken: «Um 22:30 Uhr werden wir die beiden los sein, und dann kann ich noch eine Stunde mit Ken allein verbringen.»
Ken schien von Davids Gefühlen nichts zu merken, und als das Sommerlager zu Ende ging, vereinbarten die beiden, sich in der Stadt wiederzutreffen. Nur anderthalb Tage nach Lagerende gab David seinem Verlangen nach und ging zum Telefon. Schon beim zweiten Läuten nahm Ken ab: «David? Hör zu – ich hab' im Moment sehr viel zu tun. Die ganzen Vorbereitungen für die Schule. Du weißt schon, was ich meine. Ich rufe dich in ein paar Wochen an, wenn ich das Gröbste hinter mir habe.» David legte den Hörer auf und begrub sein Gesicht in

seinen Händen. Er fühlte sich, als ob ihm jemand einen Tritt in den Bauch versetzt hätte. «Wie konnte Ken mir das nur antun?» dachte er traurig ...

Als Allison Christus als ihren Erlöser aufnahm, war das für sie, als ob sie in einer gesellschaftlichen Wüste gelandet wäre. Durch ihren früheren Lebensstil mit Drogen, Parties und Alkohol war sie denkbar schlecht auf die ruhigen Gepflogenheiten des christlichen Gesellschaftslebens vorbereitet. «Ich langweilte mich und war einsam», erzählte sie, «und dann traf ich Jake.»

Allison hatte Jake im ersten College-Jahr auf einer Party in ihrem Studentenwohnheim kennengelernt. Auch Jake war seitdem Christ geworden. Als er von Allisons neugewonnenem Glauben hörte, setzte er sich sogleich mit ihr in Verbindung.

«Mit Jake zusammenzusein, war ein gutes Gefühl. Wir hatten einen ähnlichen Hintergrund, so daß ich ihm vieles nicht zu erklären brauchte. Wir waren kein Liebespaar – wir fühlten uns nicht auf diese Weise zueinander hingezogen –, wir waren aber trotzdem immer zusammen.» Durch die Freundschaft mit Jake verstärkte sich Allisons Selbstvertrauen. Sie wollte nun mehr und mehr auch andere Christen kennenlernen. Eines Tages im Gottesdienst flüsterte sie Jake zu: «Wieso laden wir nicht einmal Jill und Alan zu uns zum Brunch ein?»

«Nicht diese Woche», erwiderte er und sah beleidigt aus. «Was ist denn los, Allison? Wird es dir etwa langweilig mit mir?» Später, bei Kaffee und Kuchen, sagte er: «Ich kann mit den meisten Christen nicht reden. Sie haben keine Ahnung, wie das wirkliche Leben aussieht. Du bist da anders. Du versuchst nicht, mir einfache Antworten auf komplexe Probleme zu geben. Ich brauche dich, Allison.»

Jakes Komplimente schmeichelten Allison, doch sie begann sich nach den stundenlangen Gesprächen mit ihm ausgetrocknet und ausgepumpt zu fühlen. Sie wollte Jakes Freundin sein, aber sie wollte auch als Christin wachsen. Und es schien, als ob sich diese beiden Dinge nicht auf einen Nenner bringen ließen …

Von dem Tage an, als Sarahs Familie in die Wohngegend zog, wo Mary wohnte, schien sich zwischen den beiden Frauen eine Freundschaft anzubahnen, die auf ihren gemeinsamen Interessen und ihrer Liebe zum Herrn basierte. Sarah empfand, Mary verstünde sie besser als irgendein Mensch zuvor. Auch Bill, Sarahs Mann, konnte ihr nicht die Nähe vermitteln, die Mary ihr gab. Mary führte mit ihrem Mann, Tom, eine erfüllte Ehe. Allerdings war Tom durch seinen Beruf als Vertreter häufig von zu Hause weg. Mary war aufgrund ihrer liebenden Art willig, viel Zeit mit Sarah zu verbringen, was diese auch wirklich zu brauchen schien.

Der Schock kam, als Mary und Sarah entdeckten, daß sie sich emotional und körperlich zu nahe gekommen waren. Keine von ihnen war sich je zuvor homosexueller Gefühle bewußt gewesen. Beide liebten den Herrn, und beiden war ihr Ehemann wichtig. Ihre Freundschaft schien auf Christus ausgerichtet zu sein, beteten und lasen sie doch oft gemeinsam in der Bibel. Wenn nun das, was sie taten, falsch war, weshalb hatte Gott es dann nicht verhindert? Jetzt, wo sie so eng miteinander verbunden waren, konnten sie sich eine Trennung kaum mehr vorstellen. «Was sollen wir denn nun tun?» fragten sie sich…

Was ist gefühlsmäßige Abhängigkeit?

Warum nur endeten diese Freundschaften – die zu Beginn so gesund und auferbauend zu sein schienen – in so viel Schmerz und Verwirrung? In jeder Geschichte nahm die Beziehung dann eine zerstörerische Wende, als gefühlsmäßige Abhängigkeit einsetzte. Gefühlsmäßige Abhängigkeit tritt dann ein, wenn die ständige Gegenwart und Fürsorge einer anderen Person als notwendig für die eigene persönliche Sicherheit erachtet wird. Solche Fürsorge nimmt viele verschiedene Formen an, zum Beispiel: Aufmerksamkeit, Zuhören, Bewunderung, Beratung, Bestätigung und/oder gemeinsamer Zeitvertreib.

Ganz gleichgültig, wie wunderbar eine solche Beziehung anfangs erscheinen mag, gefühlsmäßig abhängige Beziehungen führen zu Bindungen, die stärker sind, als sich die meisten Leute vorstellen können. Unabhängig davon, ob es dabei zu Körperkontakt kommt oder nicht: Wenn aus einer Freundschaft eine gefühlsmäßig abhängige Beziehung entsteht, geschieht Sünde. Gott hat jedoch ein tiefes Verlangen nach intimer Gemeinschaft in uns hineingelegt. Woher wissen wir also, ob wir unser Bedürfnis nach Gemeinschaft auf legitime Weise stillen? Gibt es denn eine Möglichkeit zu erkennen, wann wir die Trennungslinie zu einer emotional abhängigen Beziehung überschritten haben?

Um den Unterschied zwischen einer normalen wechselseitigen Abhängigkeit – die in jeder gesunden Beziehung vorhanden ist – und ungesunder Abhängigkeit zu erkennen, müssen wir auf die Merkmale achten, die mit gefühlsmäßiger Abhängigkeit verbunden sind. Sie tritt dann auf, wenn einer der beiden Partner in der Beziehung

- häufig Eifersucht empfindet und ein Bedürfnis nach Ausschließlichkeit hat oder besitzergreifend wird, er/sie somit andere Leute als Bedrohung für die Beziehung empfindet;

- es vorzieht, mit dem Freund oder der Freundin allein Zeit zu verbringen, und sich ärgert, wenn dies nicht möglich ist;

- übermäßig enttäuscht oder deprimiert ist, sobald sich der andere Partner ein wenig zurückzieht;

- das Interesse an anderen Freundschaften verliert;

- romantische oder erotische Gefühle empfindet, die zu Phantasievorstellungen bezüglich der betreffenden Person führen;

- sich nur noch mit dem Aussehen, der Persönlichkeit, den Problemen und Interessen der anderen Person beschäftigt;

- nicht dazu bereit ist, Pläne für die nahe oder ferne Zukunft zu machen, welche die andere Person nicht miteinschließen;

- nicht fähig ist, die Fehler der anderen Person realistisch zu sehen;

- körperliche Zuwendung zeigt, die über das hinausgeht, was für eine normale Freundschaft angebracht ist;

- sich im Gespräch häufig auf die andere Person bezieht; sich berechtigt fühlt, für den anderen oder die andere zu sprechen;

- eine Intimität und Vertrautheit mit dem Freund oder der Freundin an den Tag legt, die bei anderen Menschen in ihrem Umkreis Unbehagen und Verlegenheit auslöst.

Eine gesunde Freundschaft unterscheidet sich davon ganz wesentlich. Eine gesunde Beziehung ist frei und großzügig. Dort sind beide Freunde darauf aus, andere in ihre Aktivitäten einzuschließen. Sie freuen sich, wenn der Freund/die Freundin mit jemand anderem gut auskommt. In einer gesunden Freundschaft wünschen wir uns, daß der oder die andere sein/ihr volles Potential erreicht, indem er/sie neue Interessen und Fähigkeiten entwickelt. In gesunden Beziehungen werden wir zwar davon berührt, was unsere Freunde oder Freundinnen sagen oder tun, doch unsere Reaktionen sind und bleiben gleichwohl ausgewogen.

Eine abhängige Beziehung dagegen ist nach innen gekehrt. Sie bewirkt beidseitigen Stillstand und schränkt das persönliche Wachstum ein. Eine beiläufige Bemerkung des Freundes oder der Freundin kann in euphorische Höhen erheben oder aber zu Tode betrüben. Wenn ein enger Freund wegzieht, ist es normal, daß wir traurig sind und den Verlust stark empfinden. Wenn aber einer der Partner in einer abhängigen Beziehung fortzieht, löst das im anderen Angstzustände, Panik und Verzweiflung aus.

Während eine gesunde Freundschaft Freude und Auferbauung bewirkt, kommt es bei einer gefühlsmäßig abhängigen Beziehung zur unheilvollen Bindung.

Faktoren, die zu Abhängigkeit führen

Gefühlsmäßige Abhängigkeit kommt für die meisten Leute völlig überraschend. Wie Mary und Sarah in der dritten Geschichte, erkennen die meisten von uns das Problem erst, wenn sie schon darin verstrickt sind. Allerdings bilden sich Abhängigkeiten nicht in einem luftleeren Raum. Es gibt Faktoren in unserer Persönlichkeit und unseren Lebensumständen, die uns für bindende Beziehungen anfällig machen können. Auch Sünde und Verletzungen aus der Vergangenheit können Einfallstore offenlassen. Das Bewußtsein solcher Faktoren hilft uns zu wissen, wann wir in unseren Beziehungen besonders vorsichtig sein müssen.

Wer ist gefährdet?

Wenn der Druck und die Umstände entsprechend sind, kann es theoretisch jedem von uns passieren, daß er/sie in eine abhängige Beziehung gerät. Leute aus schwierigen Familienverhältnissen, in denen es beispielsweise Alkohol oder Mißbrauch von Kindern gab, sind eher gefährdet. Gemeinsame Persönlichkeitsmuster, die sich beständig anziehen, um dann abhängige Beziehungen zu bilden, gibt es jedoch kaum.

Die Grundkombination scheint darin zu bestehen, daß der eine als das «Nonplusultra» in Erscheinung tritt, während der andere die Aufmerksamkeit, den Schutz oder die Stärke des Gegenübers braucht. Beispiele dafür können sein: die Beziehung zwischen einem Seelsorger und der Person, die Hilfe sucht – also eine dominierende Person und eine, welche Leitung sucht – oder eine Lehrer/Schüler-Beziehung. Abhängige Beziehungen können sowohl in gegengeschlechtlichen wie auch in gleichgeschlechtlichen Beziehungen entstehen.

Obwohl sich diese Zweierschaften jeweils aus einer starken und einer bedürftigen Person zusammenzusetzen scheinen, sind in der Tat beide bedürftig. Die «starke» Person hat meistens ein tiefes Bedürfnis, gebraucht zu werden. Sehr oft, allerdings nicht immer, ist es die schwächere Person, welche die Beziehung beherrscht. Dies erkennen wir klar in Beziehungen zwischen einem Alkoholiker und einem Co-Alkoholiker[*], wo der «Helfende» mehr und mehr von der Launenhaftigkeit und dem mißbräuchlichen Ver-

[*] = Familienglied eines Alkoholikers

halten des Trinkers kontrolliert wird *(Melody Beattie, Codependent No More, San Francisco, Harper & Row, 1987, S. 61 – 68).*

Wann sind wir am meisten gefährdet?

Es gibt Zeiten in unserem Leben, da fühlen wir uns unsicher und sind bereit, nach jeder Sicherheit zu greifen, die sich uns bietet. So sind wir in Lebenskrisen wie beispielsweise dem Scheitern einer Beziehung, dem Tod einer geliebten Person oder dem Verlust der Arbeitsstelle besonders gefährdet. Auch in Zeiten von Veränderungen wie Anpassung an einen neuen Arbeitsplatz, Wohnungswechsel, Verlobung oder Eheschließung, Studienbeginn oder Bekehrung sind wir in größerem Maß gefährdet. Dann können auch Streßsituationen wie Abschlußprüfungen in der Schule, Termindruck am Arbeitsplatz, Krankheiten oder freie Tage (zum Beispiel über Weihnachten) Zeiten der Gefährdung darstellen. Ebenso steigt die Gefahr, abhängige Beziehungen zu formen, wenn wir uns nicht im gewohnten Rhythmus befinden, wie im Urlaub, in einem Lager oder an einer Konferenz, im Gefängnis, im Militärdienst oder auf dem Missionsfeld. Gleichermaßen gefährdet sind wir in Zeiten von Langeweile und Depression.

Wollen wir Probleme vermeiden, ist es wichtig, daß wir die Notwendigkeit nach besonderer Unterstützung während solcher Streßzeiten erkennen und im voraus einplanen, damit unsere Bedürfnisse auf gesunde Weise erfüllt werden können. Es gibt hier zahlreiche Möglichkeiten: Wir können unsere Last mit der Gebetsgruppe teilen, uns zu Gesprächen mit einem Pastor oder Seelsorger anmelden, mehr Zeit mit Familiengliedern verbringen und – als Wichtigstes – unsere Beziehung mit Jesus im Gebet und durch Bibellesen pflegen. Es gibt auch nichts dagegen einzuwenden, wenn wir unsere Freunde wissen lassen, daß wir ihre Unterstützung brauchen. Probleme entstehen erst dann, wenn wir uns zu sehr auf eine bestimmte Person abstützen, um von ihr alle unsere Bedürfnisse befriedigt zu bekommen.

Wieso neigen wir zu Abhängigkeiten?

In einer abhängigen Beziehung sucht der eine oder suchen beide Partner statt nach Christus nach einer Person, die ihre Grundbedürfnisse nach Liebe und Sicherheit stillen soll. Wenn nun die zugrundeliegenden geistlichen und emotionalen Probleme nicht gelöst werden, bleibt das Muster ungebrochen bestehen.

So kann es beispielsweise ein Element von Habgier in unserem Leben geben, das uns dazu veranlaßt, jemanden besitzen zu wollen, den Gott uns nicht gegeben hat. Als weiteres Element finden wir Abgötterei; nämlich da, wo sich *jemand anders* oder *etwas anderes* als Gott im Zentrum unseres Lebens befindet. Wir können uns auch im Zustand der Rebellion befinden und uns weigern, gewisse Bereiche unseres Lebens Gott auszuliefern. Es ist ebenso möglich, daß wir mangelndes Vertrauen zu Gott haben und nicht glauben können, daß er unsere Bedürfnisse befriedigen kann, wenn wir das tun, was er will.

Verletzungen aus der Vergangenheit haben in uns vielleicht geringes Selbstwertgefühl, Gefühle der Ablehnung und ein tiefes, ungestilltes Verlangen nach Liebe zurückgelassen. Dadurch, daß wir Bitterkeit und Ablehnung im Herzen behalten gegen jene, die uns verletzt haben, gefährden wir uns, in falsche Beziehungen zu schlittern. Wir müssen den Schmerz und die innere Unruhe vor Gott ausschütten. Nur durch das Bekennen und durch Gebet, sei es in unserer persönlichen Stillen Zeit mit dem Herrn oder zusammen mit andern Gliedern des Leibes Christi, kann Heilung geschehen.

Das Aufrechterhalten einer abhängigen Beziehung durch Manipulation

Manipulation ist ein häßliches Wort. Niemand von uns möchte glauben, daß er oder sie je dieser Sache schuldig werden könnte. In einer gefühlsmäßig abhängigen Beziehung stellt jedoch Manipulation den Kitt dar, durch den diese erst fortbesteht.

Meine Arbeitsdefinition von Manipulation lautet: Manipulation ist der Versuch, Leute oder Umstände durch Täuschung oder indirekte Mittel zu beherrschen. Manipulation wird oft als «heimtückisch» beschrieben. Das amerikanische Wörterbuch *Webster* definiert Manipulation als «langsames, undurchschaubares Wirken, das gefährlicher ist, als es scheint.»

Es gibt viele Arten von Manipulation. Nachfolgend möchte ich einige erwähnen, bei denen ich festgestellt habe, daß sie dazu benutzt werden, um abhängige Beziehungen zu bilden und aufrechtzuerhalten:

- *Finanzen:* Zusammenlegen und Teilen von persönlichem Besitz wie Haus oder Möbel und/oder Zusammenziehen.

- *Geschenke:* Regelmäßige Geschenke und Kartengrüße ohne speziellen Anlaß.

- *Kleider:* Tragen von Kleidungsstücken des/der anderen sowie Kopieren des Kleidungsstils der anderen Person.

- *Romanzen:* Gebrauch von Poesie, Musik oder

romantischen Situationen, um gefühlsmäßige Reaktionen hervorzurufen.

- *Körperliche Zuwendung:* Körpersprache; häufiges Umarmen, Berühren, Streicheln von Rücken und Wangen; Kitzeln und Herumbalgen.

- *Augenkontakt:* Starren, vielsagende oder verführerische Blicke werfen oder Verweigerung des Augenkontaktes als Mittel der Bestrafung.

- *Schmeicheln und Lob:* «Du bist der/die einzige, der/die mich versteht» oder: «Ich weiß nicht, was ich ohne dich machen würde.»

- *Gesprächsauslöser:* Flirten, necken, besondere Kosenamen verwenden; Bezug nehmen auf Dinge, die für beide eine besondere Bedeutung haben; oder eine geheime Sprache benutzen, die kein anderer versteht.

- *Nicht zu sich stehen:* Verdrängen von negativen Gefühlen oder einer anderen Meinung.

- *«Hilfe» benötigen:* Probleme schaffen; oder übertreiben, um Aufmerksamkeit und Zuwendung zu erhalten.

- *Schuld:* Der andere soll sich für unerfüllte

Erwartungen schuldig fühlen: «Wenn du mich liebst, dann ...» oder: «Ich wollte dich gestern abend eigentlich anrufen, aber ich wußte, daß du wahrscheinlich viel zu beschäftigt sein würdest, um dich überhaupt noch mit mir abzugeben.»

- *Drohungen:* Selbstmord- und Rückfalldrohungen können manipulativ sein (obwohl alle Selbstmorddrohungen selbstverständlich ernstgenommen werden müssen).

- *Schmollen, grübeln, schweigen:* Bei der Frage: «Was hast du?» wird eine gefühlsmäßig abhängige Person vielleicht nur seufzen und sagen: «Ach, nichts.»

- *Untergraben von Beziehungen:* Dem/der anderen wird weisgemacht, daß sich seine/ihre Freunde nicht um ihn/sie kümmern; mit den Freunden der anderen Person wird Freundschaft geschlossen, um die Situation beherrschen zu können.

- *Erzeugen von Unsicherheit:* Zurückhalten von Zustimmung; herumhacken auf den Schwachpunkten des anderen; drohen, die Beziehung zu beenden.

- *Zeit:* Die andere Person so in Anspruch nehmen, daß sie keine Zeit mehr findet für andere Aktivitäten.

- *Und viele andere Arten...*

Es ist wichtig anzufügen, daß viele der oben aufgelisteten Dinge in sich selber keine Sünde sind. Ein ehrliches Lob und eine aufrichtige Ermutigung, ein Geschenk ohne speziellen Anlaß, Umarmungen und Berührungen sind wichtige Elemente in gesunden Freundschaften. Romantische Gesten und gewisse Arten ausschließlicher Zweisamkeit sind in einer Ehe oder einer Verlobungszeit angebracht, manchmal sogar in einer seriösen heterosexuellen Freundschaft.

Gefühlsmäßige Abhängigkeiten können auch in einer Ehebeziehung auftreten – Seelsorge mag dabei notwendig werden –; allerdings erlaubt es der beschränkte Raum dieses Büchleins nicht, diesen Fall eingehender zu behandeln.

Beim Durchgehen der obenstehenden Liste brauchen wir die Offenbarung des Heiligen Geistes, wenn wir unsere eigenen Herzen überprüfen. Nur da, wo wir diese Verhaltensweisen zu selbstsüchtigen Zwecken benutzen – um andere Menschen an uns zu binden und sie zu beherrschen; oder um Reaktionen zu bewirken, die zur Sünde führen –, nur da werden wir manipulativ.

Weshalb sind Abhängigkeiten so schwer zu durchbrechen?

Selbst wenn sich beide Parteien bewußt sind, daß ihre Beziehung ungesund ist, kann es für beide sehr schwer sein, die Abhängigkeit zu brechen. Oftmals lösen sich zwei voneinander, um dann jedoch so rasch wie möglich wieder zusammenzukommen. Wenn Abhängigkeiten einmal gebrochen sind, können Nachwirkungen trotzdem noch einige Zeit spürbar sein. Wir wollen nun einige der Gründe betrachten, weshalb derartige Bindungen so schwer zu lösen sind.

Als erstes: Abhängigkeit vermittelt uns, so schmerzhaft sie auch sein mag, eine gewisse Befriedigung. Eine abhängige Beziehung verschafft uns eine gewisse Sicherheit: das Gefühl, wenigstens *eine* Beziehung zu haben, auf die wir uns verlassen können, und daß wir zu jemandem gehören. Unser Bedürfnis nach Intimität, Wärme und Zuwendung kann durch diese Beziehung befriedigt werden. Darüber hinaus wird unser Ich gestärkt, wenn uns jemand bewundert oder sich zu uns hingezogen fühlt. Außerdem genießen wir das Gefühl, gebraucht zu werden. Eine solche Beziehung kann unserem Leben Spannung und Romantik verschaffen, ohne die es langweilig erscheint. Dazu kann uns auch das Bemühen, diese Beziehung in Gang zu halten, davor bewahren, uns den eigenen Problemen und Verantwortungen stellen zu müssen. Letztlich kennen viele Leute einfach keine andere Art, Beziehungen zu haben. Sie fürchten sich davor, das «Bekannte» zugunsten des «Unbekannten» aufzugeben. Es ist die Angst, diese Form von Befriedigung zu verlieren, welche das Aufgeben der Beziehungen so schwierig macht.

Der zweite Grund, weshalb abhängige Beziehungen schwer zu brechen sind, ist, daß wir das Sündige daran nicht erkennen. Unsere heutige Kultur hat die Wahrheit «Gott ist Liebe» derart verdreht, daß daraus «Liebe ist Gott» geworden ist. Romantische und emotionale Liebe ist in sich selber ein Gesetz: Wenn man jemanden liebt (d. h. wenn man starke romantische Gefühle für eine andere Person hegt), kann man mit dieser Person tun, was man will. Aus dieser Sicht scheinen abhängige Beziehungen erstrebenswert, ja sogar nobel zu sein, insbesondere dann, wenn es zu keinem sexuellen Kontakt kommt. Die echten Gefühle der Liebe und der Freundschaft dienen dann oft als Entschuldigung für die starke Eifersucht und das Besitzergreifen in der abhängigen Beziehung.

Des weiteren sehen wir oft nicht, wie uns abhängige Beziehungen von Gott trennen. «Seit ich Jackie kenne, bete ich mehr dann je», sagte mir einmal eine Frau. Später gab sie zu, für kaum etwas anderes zu beten als für ihre Beziehung zu Jackie! Wenn jemand sagt: «Dieser Freund zieht mich noch näher zu Gott», verwechselt er meistens das euphorische Gefühl der abhängigen Beziehung mit Gottesnähe. Sobald sich der Freund nur ein wenig zurückzieht, scheint Gott plötzlich weit entfernt zu sein.

Der dritte Grund liegt darin, daß die Wurzeln der Probleme nicht angegangen werden. Wir mögen vielleicht eine abhängige Beziehung beenden, indem wir sie abbrechen oder indem wir fortziehen. Wenn wir jedoch weiterhin ungeheilte Verletzungen und ungestillte Bedürfnisse mit uns herumtragen, werden wir sogleich in eine neue Abhängigkeit hineingeraten oder aber zur vorherigen zurückkehren. Werden nur die Symptome angegangen, bleibt die Tür offen, und wir stolpern erneut.

Und viertens werden Leute, die sich willentlich in abhängige Beziehungen einlassen, Kandidaten geistlicher Verführung. Wenn wir die Korrektur des Heiligen Geistes mißachten, öffnen wir uns für satanische Bedrückung. Falsches beginnt richtig zu klingen, Wahrheit fängt an, wie eine Lüge auszusehen (siehe zum Beispiel Römer 1). Wir übersehen deshalb manchmal, wenn wir aus abhängigen Beziehungen ausbrechen wollen, die Wichtigkeit des geistlichen Kampfes – Gebet, Fasten und Befreiung. Wenn die emotionalen Bindungen tief im Leben einer Person Fuß gefaßt haben (besonders dann, wenn es zu einer sexuellen Beziehung gekommen ist), müssen die Bindungen, die zwischen den beiden Partnern entstanden sind, gebrochen werden. (Bei der Ehebeziehung trifft dies nicht zu.) Wo Abhängigkeit ein lebenslanges Muster war, müssen die Bindungen mit allen früheren Partnern ebenfalls gebrochen werden. Wenn die geistlichen Aspekte nicht gründlich behoben sind, wird sich das Muster weiter hinziehen.

Fünftens: Wir wollen die Beziehung nicht aufgeben. Seelsorger, Pastoren und geistliche Leiter kennen die Frustration, nach allen erdenklichen Bemühungen der Seelsorge, nach aller Unterstützung und Fürbitte bei einem Hilfesuchenden feststellen zu müssen, daß sich der Betreffende gar nicht ändern will. Wenn wir in einer abhängigen Beziehung stecken, sagen wir vielleicht, daß wir frei werden möchten, doch in Wirklichkeit wollen wir nur die Verantwortung loswerden, bezüglich unseres Problems etwas Konkretes tun zu müssen. Wir hoffen, daß uns das Gespräch mit dem Seelsorger vom Gewissensdruck befreit. Unser Wunsch und unsere Absicht ist jedoch, die abhängige Beziehung weiterhin beizubehalten.

Es ist sehr wichtig mit jesch wis tem Zusammen- men gemeinschaft zu pflegen welche *alles* in Jesus suchen. (Die Ehefrau sollte auch *alles* in Jesus suchen). Nur dann entstehen gesunde Beziehungen.

Der Weg aus der Abhängigkeit

Diese Neigung, Sicherheit in einem anderen Menschen finden zu wollen, ist ein Problem, das die meisten von uns betrifft. Nach einer Serie von Frustration und Not durch emotional abhängige Beziehungen sehnen wir uns nach etwas, das mehr hergibt. Wir sehnen uns danach, in unseren Beziehungen zu anderen zufrieden und entspannt zu sein. Doch wie brechen wir aus den alten Mustern aus?

Bevor wir die Einzelheiten untersuchen, die zum Überwinden von Abhängigkeit notwendig sind, müssen wir eine wichtige Wahrheit verstehen: Es gibt keine Zauberformel, die uns hilft, zu einem veränderten Leben zu gelangen. Eine lebenslange Neigung hin zu abhängigen Beziehungen wird nicht durch «zehn einfache Ratschläge» verändert. Jesus Christus will durch die Kraft des Heiligen Geistes ein inniges und einzigartiges Werk in jedem von uns tun. Veränderung kommt, indem wir uns ihm unterordnen und mit ihm «zusammenarbeiten».

Die Richtlinien, die wir hier betrachten, zeigen, wie Gott im Leben verschiedener Leute gewirkt hat, um sie aus gefühlsmäßiger Abhängigkeit herauszuführen. Einige der Vorschläge sollen Hilfe bieten, um von einer bestimmten Beziehung frei zu werden, während andere damit zu tun haben, lebenslange Muster zu durchbrechen. Sie alle stellen verschiedene Aspekte des gleichen Bildes dar – nämlich uns von Beziehungen abzuwenden, die darauf ausgerichtet sind, unsere eigenen Bedürfnisse zu befriedigen (wie unsere alte sündige Natur dies immer wieder verlangt), und neue Wege zu erlernen als «neue Kreaturen in Christus» (2. Korinther 5,17).

Beginnen Sie, indem Sie sich zur Ehrlichkeit verpflichten. Abhängigkeiten sind oft schwer zu brechen aufgrund der Täuschung, die damit verbunden ist. Die Täuschung wird dann gebrochen, wenn wir mit uns selber ehrlich sind und zugeben, daß wir in eine abhängige Beziehung verstrickt sind – und die sündigen Aspekte jener Beziehung eingestehen. Dann sind wir auch bereit, Gott gegenüber ehrlich zu sein. Wir brauchen weder unsere Verwirrung noch unseren Ärger oder irgendein Gefühl vor ihm zu verbergen. Wir brauchen nur unsere Herzen vor ihm auszuschütten und ihn zu bitten, uns Willigkeit zu geben, ihm in diesem Punkt zu gehorchen.

Die nächste Herausforderung liegt darin, mit einer anderen Person ehrlich zu sein. Wir können beispielsweise einen reifen Bruder oder eine reife Schwester suchen und ihm oder ihr bekennen: «Schau, ich habe große Probleme mit meinen Gefühlen gegenüber meinem Partner im Evangelisationsteam. Ich fühle mich von ihm oder ihr sehr angezogen. Könntest du bitte mit mir darüber beten?» Wenn es uns bewußt ist, daß wir Umstände manipuliert haben, um eine abhängige Beziehung zu fördern, können wir auch für dies um Vergebung bitten. Je größer unsere Ehrlichkeit, um so umfassender werden wir Reinigung empfangen.

Bei der Wahl der Person, der wir uns öffnen, suchen wir am besten einen standfesten, vertrauenswürdigen Christen, der emotional nicht in die Situation verwickelt ist. Diese Person kann uns im Gebet unterstützen und uns zur Rechenschaft ziehen, besonders dann, wenn wir ihr das Recht dazu erteilen, uns jederzeit zu fragen, wo wir stehen. Äußerste Vorsicht ist jedoch geboten, wenn es darum geht, jener Person, von der wir abhängig sind, unsere Gefühle zu offenbaren. Ich habe schon bedauerliche Resultate gesehen, wo ein Bruder oder eine Schwester einer anderen Person in einer intimen Umgebung eröffnet hat: «Du, ich fühle mich sehr zu dir hingezogen. Ich glaube, ich könnte von dir abhängig werden.» Viel besser ist es, zuerst den

Rat und das Gebet von einem Pastor oder Ältesten zu suchen, bevor man in Betracht zieht, die Person, von der man abhängig ist, anzusprechen. Und auch dann noch müssen wir den Herrn bitten, daß er unsere Motive beleuchtet.

Fangen Sie an, sich langsam von Ihrem Partner zu trennen. Bis zu einem gewissen Grad haben wir unser Leben um das unseres Partners herum geplant. Das mag zum Beispiel heißen, daß wir in dieselbe Gemeinde gehen. Nicht mehr dorthin zu gehen, ist meistens nicht gerade die beste Lösung. Andererseits muß es zu einer Trennung der Wege kommen, und das könnte zum Beispiel bedeuten, daß man sich nur noch in einer Gruppe trifft. (Auch hier muß gesagt werden, daß eine Ehe nicht in derselben Weise behandelt werden darf.) Wenn wir uns unnötig der Gegenwart jener Person aussetzen, von der wir abhängig sind, verlängert das nur den Schmerz und hält Gottes Wirken in unserem Leben auf.

Wir müssen Gott erlauben, einzugreifen. Obwohl das eigentlich logisch klingt, ist dies nicht so einfach, wie es sich anhört. Wenn wir Gott bekennen, daß wir hoffnungslos an eine bestimmte Person gebunden und unfähig sind, etwas daran zu ändern, und dann Gott einladen, in die Situation hineinzukommen, um sie zu verändern, wird Gott unser Gebet nicht überhören.

Nachdem John, ein Freund von mir, so gebetet hatte, geschah es, daß Leute begannen, ihn bezüglich seiner abhängigen Beziehung zur Rede zu stellen, worauf er ihnen versicherte, er habe alles im Griff. Dann entschloß sich sein abhängiger Partner, in einen anderen Bibelkreis zu gehen… Daraufhin fand auch John «einen triftigen Grund», ebenfalls in diesen Kreis zu wechseln. Er merkte auch, wie der Heilige Geist ihn drängte, einige CDs und Musikkassetten fortzuwerfen (jene mit «unserem» Stück), doch er «vergaß» es immer wieder…

Wenn wir wie John reagieren, haben wir zwar Gott gebeten, in unserem Leben zu wirken, unternehmen jedoch alles in unserer Macht Stehende, um sicherzustellen, daß er es nicht tut! Aus eigener Erfahrung habe ich gelernt, daß wir, wenn wir Gottes Versuch, jemanden aus unserem Leben zu nehmen, vereiteln, dadurch nur unsere Unruhe und unser Leiden verlängern. Wenn wir aber mit dem Heiligen Geist zusammenarbeiten, erleben wir die schnellstmögliche Heilung von zerbrochenen Beziehungen.

Seien Sie auf Trauer und Depression vorbereitet. Wenn wir eine abhängige Beziehung loslassen, kann dies genauso schmerzhaft sein, wie wenn jemand eine Scheidung durchlebt. Wenn wir uns jedoch erlauben, für eine gewisse Zeit Schmerz zu empfinden, wird die Heilung schneller eintreten. Unterdrücken wir den Schmerz und versagen uns selber die Zeit, die wir zu unserer Genesung brauchen, werden wir weiterhin unnötige Schuld und Bitterkeit mit uns herumtragen. Wir können dann gefühllos und teilnahmslos werden und auch gesunde Beziehungen meiden, was wiederum den Weg für einen weiteren Fall in die Abhängigkeit ebnen wird. Es ist deshalb viel besser, wenn wir uns während dieser Zeit des Loslassens erlauben, zu trauern. Einige Leute sagten mir, sie hätten in dieser Zeit besonderen Trost im Buch der Psalmen gefunden.

Pflegen Sie andere Freundschaften. Auch wenn es schwierig und beängstigend ist und unsere Herzen nicht bei der Sache sind, müssen wir den Schritt wagen und neue Freundschaften entwickeln. Unsere Gefühle werden sich später darauf einstellen, und dann werden wir froh sein, daß wir die Investition in das Leben unserer neuen Freunde gemacht haben. Der Herr wird uns in neue Freundschaften hineinführen. Er weiß genau, welche Beziehungen wir brauchen, um die guten Qualitäten in uns hervorzubringen und unsere rauhen Kanten zu schleifen.

Entdecken Sie Gottes Sicht für Beziehungen. Wollen wir andere so lieben, wie Gott sie liebt, wird unser Wunsch darauf ausgerichtet sein, daß sie dem Bild Christi ähnlich werden. Der Herr will die Qualitäten in uns hervorbringen, die seinen Charakter widerspiegeln, aber auch die Gaben, die uns befähigen, sein Werk zu tun. Andy Comiskey von *Desert Stream Ministry* in Santa Monica, Kalifornien, hat es folgendermaßen ausgedrückt: «Das mag vielleicht hart klingen, doch unsere Willigkeit, emotionale Disziplin zu üben, kann darüber entscheiden, ob wir eine Freundschaft bauen oder brechen. Sobald wir versuchen, unsere eigene Bedürftigkeit zu befriedigen, statt auf das Beste des anderen bedacht zu sein, stehen wir in der Gefahr, die Freundschaft zu verlieren.» Wenn wir eine ausschließlich gefühlsmäßige Bindung mit irgend jemandem anstreben, so stehen unsere Wünsche im Gegensatz zu dem, was der Herr möchte. Wir müssen uns die Frage stellen: «Arbeite ich mit oder gegen Gott ins Leben dieser Person hinein?»

Fangen Sie an, die tieferliegenden Probleme anzugehen. Der Zwang, gefühlsmäßig abhängige Beziehungen einzugehen, ist ein Symptom für tiefere geistliche und emotionale Probleme, mit denen man sich auseinandersetzen und die man lösen muß. Selbstanalyse über längere Zeit ist meist nicht der wirkungsvollste Weg, um diese Probleme ans Licht zu bringen. Zu Beginn ist es gut, die ganze Sache vor Gott zu bringen, indem wir beten: «Herr, du allein weißt, weshalb ich mich gegen abhängige Beziehungen nicht wehren kann. Zeige mir, woher dieses Bedürfnis kommt und schaffe einen Ausweg.» Gebet und Fasten bringen uns näher zu Gott hin, und die Fesseln werden so in einem Maße gesprengt werden, wie es sonst durch nichts geschieht.

Als weitere wirkungsvolle Möglichkeit können wir Hilfe und Gebet von denen erbitten, die Gott als Autoritätspersonen über uns gestellt hat. Für einzelne wird durch eine Langzeittherapie die Voraussetzung geschaffen, jene Gebiete in ihrem Leben anzugehen, die Veränderung und Heilung brauchen. Andere können durch ihren Hauskreis, der sich regelmäßig zu Gebet und Austausch trifft und in dem auch schwerwiegende Probleme mitgeteilt werden können, große Hilfe erfahren. Wenn wir vor Gott und anderen Christen demütig und ehrlich sind, werden wir an Reinheit, Aufrichtigkeit und emotionaler Stabilität zunehmen.

Seien Sie auf die lange Marschstrecke vorbereitet. Manchmal entgeht uns der Sieg, weil wir uns auf eine Schlacht vorbereiten anstatt auf einen Krieg. Wenn wir die Abhängigkeit überwinden wollen – ob eine einzelne Beziehung oder ein lebenslanges Muster –, müssen wir uns auf eine lange Kampfführung einstellen. Wir müssen uns selbst kennen: unsere Verletzlichkeiten; die Persönlichkeitstypen, die uns leicht anziehen; aber auch die Zeiten, in denen wir besonders auf der Hut sein müssen. Wir sollten unseren Feind kennen – die Lügen, mit denen Satan uns wahrscheinlich versuchen wird, und wie wir sie zurückweisen können, auch wenn sie noch so gut klingen! Aber vor allem müssen wir unseren Herrn kennen.

Wir sollten bereit sein zu glauben, daß Gott uns liebt. Auch dann, wenn wir seine Liebe nicht spüren, müssen wir im Glauben daran festhalten, daß er uns liebt – und anfangen, ihn dafür zu preisen. Wenn wir Gottes Charakter durch sein Wort kennenlernen, beginnen wir, unsere Bilder von einem grausamen, distanzierten oder lieblosen Gott aufzugeben. Wir hören auf, ihm die Schuld für verletzende Begebenheiten in unserer Vergangenheit zuzuschieben, wenn wir merken, daß ihn die Auswirkungen des Bösen in unserer gefallenen Welt ebenso schmerzen wie uns. Er ist bereit, uns zu heilen und unser Leben umzugestalten. Eine enge Beziehung zu Jesus Christus ist unser bester Schutz gegen emotionale Abhängigkeit.

Gibt es ein Leben nach der Abhängigkeit?

Es ist etwas sehr Schmerzhaftes, gefühlsmäßige Abhängigkeit zu überwinden. Gleichzeitig jedoch hilft es zu wissen, daß sie zu den heilbarsten Leiden der Menschheit gehört. Oft werden Leute so vollständig von dieser Neigung geheilt, daß sie sich ihren früheren Zwang, in abhängige Beziehungen zu geraten, überhaupt nicht mehr vorstellen können.

Wenn wir eine abhängige Beziehung aufgeben, empfangen wir als sofortige «Belohnung» Frieden mit Gott. Auch mitten im Schmerz über den Verlust der Abhängigkeit erfahren wir Frieden, Erleichterung und Freude, weil unsere Gemeinschaft mit Gott wiederhergestellt ist. «Es ist wie das Aufwachen aus einem bösen Traum», sagte mir einmal eine Frau.

Als weiteren Segen finden wir Frieden mit uns selbst. Es ist viel einfacher, sich selbst zu mögen, wenn man nicht Ränke schmiedet und danach strebt, eine Beziehung aufrechtzuerhal-

45

ten, die Gott nicht gefällt. Wenn wir eine abhängige Beziehung aufgeben, quält uns keine Angst mehr, die Beziehung könnte auseinandergehen. Und dies trägt ebenfalls zu unserem Herzensfrieden bei.

In den Nachwehen von Abhängigkeit bemerken wir eine neue Freiheit, andere zu lieben. In Anbetracht dessen, daß wir alle Glieder am Leib Christi sind, leiden zwangsläufig die Menschen in unserem Umfeld, wenn wir unsere ganze Aufmerksamkeit auf eine einzige Person konzentriert haben. Die anderen erhalten dann weder die Aufmerksamkeit von uns noch die Gemeinschaft mit uns, wie Gott sie für sie möchte.

Menschen, die abhängige Beziehungen aufgegeben haben, entdecken bei sich ein neues Interesse und Mitgefühl für andere – und dies nicht auf der Grundlage sexueller oder emotionaler Anziehung. Sie finden auch heraus, daß sie andern gegenüber weniger kritisch und abwehrend sind. Sie beginnen festzustellen, daß sich ihr Leben auf der realen Sicherheit ihrer Beziehung zu Christus gründet und nicht mehr auf der trügerischen Sicherheit einer abhängigen Beziehung.

Und schließlich werden wir durch das Überwinden von gefühlsmäßiger Abhängigkeit befreit, anderen zu dienen. Wir können andere nur dahin führen, wo wir willig sind, selber hinzugehen. Wenn wir aufgehört haben, falsche Bindungen rational zu rechtfertigen, wird unser

Unterscheidungsvermögen klarer. Geistliche Wahrheiten werden dann leichter verständlich und annehmbar. Wir werden reine Gefäße, die der Herr gebrauchen kann.

Wollen wir von emotionaler Abhängigkeit frei bleiben, müssen wir bedenken, daß es keine Lösung ist, anderen aus dem Weg zu gehen! Abhängigkeit ist eine subtile (und äußerst überzeugende) Fälschung der übermäßig reichen und erfüllenden Beziehungen, die der Herr für uns durch ihn selbst vorgesehen hat. Bedenken wir auch, daß Jesus nicht hartherzig ist mit uns. Er möchte uns lehren, wie man Menschen auf eine heilige Art und Weise liebt, und er weiß auch, daß dies Zeit erfordert. Der Kampf zwischen dem Fleisch und dem Geist ist in jedem Bereich unseres Lebens im Gange; Beziehungen bilden da keine Ausnahme. Jesus Christus selbst ist es, der den Leib zusammenfügt. Und er hilft uns, in ihm zu reifen und zu wachsen. Wir sind ständig am Lernen.

*Ich bin zuversichtlich, «daß der, welcher ein gutes
Werk in euch angefangen hat, es auch vollenden
wird bis auf den Tag Jesu Christi»
(Philipper 1,6; Schlachterübersetzung).*

Über die Verfasserin

Lori Rentzel ist eine freischaffende Autorin und Publizistin in San Rafael, Kalifornien. Sie gehörte während sieben Jahren zum Leiterstab von *Love in Action International*, einem christlichen Dienst an Menschen, die Homosexualität und geschlechtliche Identitätskrisen überwinden wollen. Sie leitet Workshops und Seminare über emotionale Abhängigkeit und andere Aspekte von Beziehungen zwischen Christen.

Lori ist verheiratet mit Rudy und Mutter von zwei Töchtern, Rebekka und Elizabeth.

Weitere Hilfestellungen zu diesem Thema

Bücher

Inrig, Gary: *Quality Friendship: the Risks and Rewards*. Chicago: Moody Press 1981.

Silvious, Jan: *Please Don't Say You Need Me*. Biblical Answers for Codependency. Grand Rapids, Michigan: Zondervan 1989.

Smith, David W.: *Men without Friends*. Nashville, Tennessee: Thomas Nelson 1990.

Inrig, Gary: *Wahre Freundschaft: David und Jonathan*. Dillenburg: Christliche Verlagsgesellschaft 1991

Beattie, Melody: *Die Sucht, gebraucht zu werden*. München: Heyne 1990

Dies.: *Unabhängig sein*. Jenseits der Sucht, gebraucht zu werden. München: Heyne 1992

Norwood, Robin: *Wenn Frauen zu sehr lieben*. Reinbeck: Rowohlt 1991

Rennert, Monika: *Co-Abhängigkeit*. Was Sucht für die Familie bedeutet. Freiburg/Br.: Lambertus ²1990

Schaef, Anne Wilson: *Co-Abhängigkeit*. Nicht erkannt und falsch behandelt. Heidelberg: Bögner-Kaufmann 1986

Beratung und Seelsorge

EXODUS International ist eine Dachorganisation für christliche Seelsorgedienste, die darauf ausgerichtet sind, Menschen zu helfen, Homosexualität und andere geschlechtliche Identitätskrisen zu überwinden. Zahlreiche EXODUS-Stellen beraten auch Menschen, die mit emotionaler Abhängigkeit kämpfen.

Für Adressen und Informationen:

In Europa:

EXODUS International Europe, P.O. Box 592,
    GB-London SE4 1EF, United Kingdom

LIFELINE, Grahame Hazell, 592, rue de la
    Mairie, Cessy, F-01170 Gex, France

In Deutschland:

IGNIS Akademie für christliche Psychologie,
    Schulhof 6, D-97318 Kitzingen

Seminar für biblische Seelsorge,
    Postfach 12 20, D-64392 Reichelsheim

Arbeitskreis Befreiende Seelsorge in Deutschland e.V., Bernhard Ritter,
    Breitestraße 72, D-06536 Bennungen

In der Schweiz:

Arbeitskreis «Der Neue Weg», Postfach 2128,
    CH-6002 Luzern

Aus dem Brunnen-Verlag Basel

Don Baker

Ende eines Doppellebens

Ein Christ überwindet seine Homosexualität
Mit einem Nachwort von Roland Werner

ABCteam Paperback Nr. 2451

«Ich habe mit euch zusammengelebt, mit euch gebetet, gelernt, gelacht, aber keiner hat gemerkt, wie sehr ich zu kämpfen hatte. Ich habe mich nicht getraut, euch etwas zu sagen, doch wie sehr habe ich mich nach eurer Hilfe gesehnt.» Das sind die letzten Worte, die Chris, Student an einem renommierten theologischen Seminar, an seine Kommilitonen richten will. Dann soll sein Selbstmord ihn von einer unerträglichen Qual befreien – seiner Homosexualität, die sein Leben zu zerstören droht…

«Dies ist ein Buch der Hoffnung, ein zutiefst ermutigendes Buch.»
(Roland Werner in seinem Nachwort.)

Brunnen-Verlag · Basel und Gießen